Las Mayores Invasiones

De

Los cárteles de la droga en México

Ryan Chávez

TABLA DE CONTENIDOS

INTRODUCCIÓN

La amenaza del cartel de la droga en México

Los cárteles de la droga han sido el enemigo más poderoso de México durante décadas, destrozando su estructura social, socavando su gobierno y dejando una estela sangrienta a su paso. Estos grupos criminales, a menudo conocidos como "cárteles", se han convertido en algunas de las organizaciones más poderosas y conocidas de México como resultado de su uso de estrategias que van desde el control coercitivo hasta la invasión abierta de territorio.

Con la ayuda de "Las mayores invasiones de los cárteles de la droga en México", nos adentramos en la guerra que ayudó a crear el México actual. Este libro profundiza en los antecedentes, las tácticas y los efectos de los cárteles de la droga más infames que han invadido el país y alterado permanentemente su sociedad, economía y sistema de gobierno.

Veremos el surgimiento y desaparición de cárteles como los Zetas, Sinaloa, los Caballeros Templarios y Jalisco Nueva Generación a medida que examinamos las páginas que siguen. Profundizaremos en las guerras sangrientas, las audaces luchas de poder y las disputas territoriales que han dado forma a su pasado. Veremos los acontecimientos que sacudieron a México hasta lo más profundo, desde las calles sangrientas de Ciudad Juárez hasta las lujosas mansiones de Culiacán.

Sin embargo, hay más en esta historia que solo conflictos y violencia. También veremos qué tan resiliente es el pueblo mexicano, qué están haciendo las autoridades y cómo se apoya el tráfico de drogas a nivel internacional. Examinaremos los efectos socioeconómicos de la actividad de los cárteles y los problemas que surgen cuando las bandas criminales tienen una influencia importante en una comunidad.

En estas páginas se revelará la complicada red de control, corrupción y supervivencia que define el mundo de los cárteles de la droga mexicanos. Hablaremos del continuo conflicto entre los cárteles y el gobierno, así como de las iniciativas para disminuir su poder.

El documental "Las mayores invasiones de los cárteles de la droga en México" sirve en última instancia como un recordatorio de la complejidad de este tema y la exigencia de un conocimiento profundo. Es un llamado a reconocer la gravedad de la situación, aprender lecciones del pasado y hacer planes para el futuro de México que lo hagan más seguro y más próspero.

Únase a mí mientras exploramos un período inquietante pero fascinante de la historia mexicana que continúa influyendo en el presente y el futuro del país.

CAPÍTULO 1

Los atrevidos juegos de poder del Cartel de los Zetas

Pocos nombres en la extensa historia de los cárteles de la droga de México evocan el mismo nivel de temor e interés que los Zetas. Este capítulo explora los orígenes del cartel de los Zetas, así como su desarrollo y las audaces maniobras de poder que contribuyeron a su reputación en el hampa criminal de México.

Fuentes y formación

Un grupo de militares de élite resultó ser la fuente del cartel de los Zetas, lo cual fue bastante sorprendente. Este equipo especializado estaba formado por ex miembros de las fuerzas especiales del ejército mexicano y se creó inicialmente como el brazo policial del Cartel del Golfo. Su habilidad táctica, disciplina y entrenamiento sentaron las bases para una de las organizaciones criminales más temibles de México.

"Ascender a la prominencia"

El cartel de los Zetas rápidamente estableció su supremacía a medida que se hacía más fuerte mediante una sucesión de movimientos estratégicos y despiadados. Niveles de violencia sin precedentes caracterizaron su estrategia, lo que aterrorizó tanto a los oponentes como a las comunidades. Utilizaron estrategias como decapitaciones, ejecuciones masivas y maniobras de poder que demostraron su absoluto desprecio por la autoridad.

Enfrentamientos con la autoridad

Los Zetas eran únicos porque estaban preparados para enfrentarse directamente tanto a los cárteles rivales como al gobierno mexicano. En su búsqueda de dominio, con frecuencia se involucraron en violentos conflictos territoriales que se extendieron por territorios enteros. Sus flagrantes ataques a empleados militares, policiales y gubernamentales tenían el objetivo de socavar la autoridad y el control del Estado.

invasión de otros países

El cartel de los Zetas elevó la idea de una "invasión" a nuevas alturas. Al invadir agresivamente el territorio de los cárteles competidores, prácticamente anexaron regiones enteras y aumentaron su poder. Pudieron consolidar su control sobre importantes rutas del narcotráfico gracias a esta táctica.

Efectos en México

Los audaces movimientos de poder de los Zetas provocaron una ola de derramamiento de sangre que se extendió por todo México. Las comunidades estaban constantemente en un estado de terror ya que la presencia del cartel obstaculizaba la vida normal. La nación resultó permanentemente dañada por su uso de presión e intimidación, que tuvo importantes repercusiones sociales, económicas y políticas.

CAPITULO 2

Estrategias de dominio y expansión del cartel de Sinaloa

Pocas organizaciones han ejercido el nivel de dominación e influencia que tiene el Cartel de Sinaloa en la historia de los cárteles de la droga de México, que ha experimentado cambios constantes. Este capítulo explora el desarrollo del Cartel de Sinaloa, sus planes de crecimiento y las estrategias que lo ayudaron a convertirse en un actor importante en el mundo del crimen organizado

Actividades iniciales y orígenes

Las vastas llanuras del estado de Sinaloa, que tienen una larga historia de cultivo de drogas, son donde surgió por primera vez el Cartel de Sinaloa. Bajo la dirección de Joaquín "El Chapo" Guzmán, lo que comenzó como una red informal de traficantes se transformó en una organización muy unida. Las primeras actividades del cartel se centraron en el contrabando de drogas a través de la frontera entre Estados Unidos y México, especialmente hacia Estados Unidos.

La premonición del Chapo

El Cartel de Sinaloa implementó una estrategia que priorizó la integración horizontal bajo la dirección de El Chapo. El Cartel de Sinaloa intentó cooperar con numerosas organizaciones criminales en lugar de exterminarlas, a diferencia de otros cárteles. A través de esta estrategia, pudieron construir una red considerable de asociados, lo que a su vez aumentó la fuerza y la influencia del cartel.

Expansión geográfica

El Cartel de Sinaloa tenía un enfoque diversificado para el crecimiento. Implicó expandir su influencia por todo México y el extranjero además de retener el control sobre su propia región. Las relaciones del cartel y la ayuda de funcionarios corruptos lo ayudaron a penetrar en nuevas áreas. Esto les dio la oportunidad de controlar importantes rutas de tráfico de drogas y desarrollar una presencia en zonas no explotadas.

Violencia bajo control

El Cartel de Sinaloa prefirió mantener cierto control sobre su uso de la violencia, en contraste con algunos de sus rivales más violentos. El Chapo era consciente de la necesidad de limitar las matanzas para evitar una atención injustificada por parte de las autoridades. El cartel pudo preservar cierta estabilidad en las áreas que controlaba gracias a este enfoque estratégico.

Corrupción e infiltración

La capacidad del Cartel de Sinaloa para penetrar organizaciones encargadas de hacer cumplir la ley, instituciones gubernamentales y otros sectores prominentes fue un aspecto crucial de su poder. El cartel se aseguró de que poco interfiriera en sus actividades aprovechándose de la corrupción. El control del cartel sobre sus propiedades se vio aún más fortalecido por esta invasión.

Implicaciones económicas

El impacto económico del Cartel de Sinaloa fue más allá del narcotráfico. Participó en lavado de dinero y otras operaciones ilícitas mientras controlaba una parte considerable del tráfico de drogas en México. Estas enormes riquezas proporcionaron al cartel los medios para aumentar sus operaciones, mantener su poder y ganarse la devoción de una red de aliados.

CAPÍTULO 3

El desafío a la autoridad del cartel de los Caballeros Templarios

El Cartel de los Caballeros Templarios es una fuerza singular y enigmática en el complejo mundo de las bandas de narcotraficantes de México. Este capítulo explora el ascenso de los Caballeros Templarios, la rebelión contra la clase dominante y el estilo único de actividad criminal que los diferencia de sus contemporáneos.

Ideología y emergencia

De las cenizas del cartel de La Familia Michoacana surgió el Cartel de los Caballeros Templarios, presentándose primero como una organización de "autodefensa". Al llamarse a sí mismos como los Caballeros Templarios, una orden cristiana de la Edad Media, adquirieron un aire de caballerosidad y rectitud. Esta decisión simbólica estuvo respaldada por una visión retorcida del mundo que fusionaba la intención criminal con el celo religioso.

Explotación y control territorial

Los Caballeros Templarios ampliaron su alcance de operaciones para incorporar una gama más amplia de actividades ilegales, en contraste con otros cárteles que se concentraban principalmente en el tráfico de drogas. Además de controlar las rutas de suministro de drogas, también controlaban la extorsión, la minería ilegal y otras actividades ilegales. Pudieron recolectar recursos de las áreas que controlaban debido a su variada estrategia.

Autoridad enfrentada

Los Caballeros Templarios se opusieron audazmente al gobierno mexicano y a los cárteles competidores. Utilizaron tácticas duras para demostrar su dominio, incluso mediante asesinatos públicos y advertencias espantosas para sus rivales. Su objetivo era convertirse en algo más que una simple organización criminal y convertirse en los gobernantes de facto de las zonas que gobernaban.

Impacto en las comunidades

Los esfuerzos de los Caballeros Templarios por ganarse el respeto y la lealtad de las poblaciones locales se destacaron como un rasgo distintivo de sus operaciones. Se promocionaron a sí mismos como guardianes, ofreciendo servicios como seguridad y mejoras de infraestructura que el gobierno frecuentemente no brindaba. Pudieron llevar a cabo sus actividades criminales manteniendo una fachada de legitimidad gracias a esta táctica.

Corrupción e infiltración

Los Caballeros Templarios fueron excelentes para infiltrarse en organizaciones gubernamentales y organizaciones encargadas de hacer cumplir la ley, al igual que otros cárteles. Pudieron eludir la captura y continuar sus operaciones gracias al conocimiento crucial que les proporcionó esta corrupción. También pudieron explotar el sistema en su beneficio, lo que fortaleció su control del poder.

Conflicto interno y decadencia

Los nobles planes del Cartel de los Caballeros Templarios finalmente resultaron en conflictos y discordias internas. Como cara competitiva surgieron conflictos, el nivel de violencia aumentó dentro de la organización. La desaparición del cartel estuvo influenciada por este conflicto interno, así como por iniciativas gubernamentales para debilitar su influencia. La decidida oposición al desafío a la autoridad de los Caballeros Templarios resultó en su constante deterioro.

CAPÍTULO 4

El rápido ascenso al poder del Cártel Jalisco Nueva Generación

El Cártel Jalisco Nueva Generación (CJNG) ha surgido como una potencia formidable en el dinámico mundo de las bandas narcotraficantes de México. Este capítulo explora el rápido ascenso al poder del CJNG, sus métodos para tomar el control y los amplios efectos que ha tenido en el mundo criminal de México.

Liderazgo y Fundación

El Cartel del Milenio, que se desintegró a finales de la década de 2000, sirvió como génesis del CJNG. El CJNG fue fundado por Nemesio Oseguera Cervantes, conocido popularmente como "El Mencho", con la intención de convertirse en una fuerza importante en el tráfico de drogas en México. La ferocidad y el liderazgo de El Mencho serían cruciales para la rápida expansión del cartel.

Guerras por territorio y expansión

El CJNG ha seguido un agresivo plan de expansión desde su fundación. El cartel rápidamente tomó el control de importantes rutas de tráfico de drogas y comenzó a competir con otras organizaciones por el dominio. Su voluntad de participar en feroces conflictos territoriales demostró cuán decididos estaban a apoderarse de una porción considerable del tráfico ilegal de drogas en México.

Operaciones altamente complejas

El CJNG se destaca por su experiencia en logística, tecnología y conexiones globales. El cartel utilizó tecnologías de comunicación de vanguardia y armas de última generación para organizar sus actividades. Pudo mantener una ventaja competitiva gracias a su flexibilidad para adaptarse a nuevas formas de comunicación y transporte.

Problemas con autoridades y rivales

Los enfrentamientos tanto con otros cárteles como con el gobierno mexicano caracterizaron el surgimiento del CJNG. Las autoridades de alto rango, los agentes del orden y los competidores fueron el objetivo del cártel, que utilizó la violencia para establecer su control. El CJNG frecuentemente participó en altercados violentos con las autoridades, dejando una estela de daños a su paso.

Alcance global

El CJNG mostró voluntad de expandirse fuera de las fronteras de México, a diferencia de muchos otros cárteles anteriores. La influencia del cartel se extendió a Europa, Estados Unidos y otras regiones de América Latina. Sus vínculos globales hicieron posible que las redes de distribución de drogas atravesaran continentes.

Influencia y poder económicos

El rápido ascenso del CJNG les dio una tremenda influencia económica. Ampliaron sus actividades criminales, participando en secuestros, extorsiones y otros delitos ilegales. Pudieron influir en los funcionarios del gobierno y ampliar su influencia gracias a su influencia financiera.

CAPÍTULO 5

La infame Batalla de Culiacán

Pocos incidentes en la historia de los cárteles de la droga de México han despertado tanto interés internacional como la Batalla de Culiacán. En este capítulo se revisa la dramática e inusual confrontación entre las fuerzas del orden y el Cartel de Sinaloa en la ciudad de Culiacán para discutir su importancia y las repercusiones que tiene en el hampa criminal de México.

Contexto y antecedentes

Los esfuerzos del gobierno mexicano por aprehender a Ovidio Guzmán López, uno de los hijos de Joaquín "El Chapo" Guzmán, llevaron directamente a la Batalla de Culiacán, que tuvo lugar en octubre de [año]. La operación fue un componente de un esfuerzo mayor para derrocar al Cartel de Sinaloa, que durante mucho tiempo había gobernado el mundo criminal de México.

Confrontación extrema

Ovidio Guzmán fue atacado por las autoridades gubernamentales y el Cartel de Sinaloa tomó represalias con extraordinaria ferocidad. Una ola de violencia fue provocada por una serie de ataques planificados y controles de carreteras llevados a cabo por miembros del cártel en los alrededores de Culiacán. Tanto el pueblo como el gobierno quedaron sorprendidos por la magnitud y ferocidad del enfrentamiento.

Autoridades en crisis

El incidente de Culiacán puso de relieve un grave enigma para el gobierno mexicano. Las autoridades decidieron liberar a Ovidio Guzmán en una medida sin precedentes para detener más matanzas después de presenciar la feroz respuesta del cartel. Esta acción planteó dudas sobre la capacidad del gobierno para mantener el orden y hacer cumplir la ley frente a la resistencia de los cárteles.

Fuerte espectáculo del cartel

La Batalla de Culiacán fue un espectáculo público que demostró el audaz poder del Cartel de Sinaloa, además de ser un conflicto entre las fuerzas del orden y una organización criminal. La capacidad del cartel para movilizar recursos, provocar problemas y obtener la liberación de uno de sus líderes demostró cuán poderoso era en la zona.

Impactos y consecuencias

Las secuelas del conflicto generaron preocupaciones sobre las tácticas del gobierno y su capacidad para enfrentar con éxito al crimen organizado. Algunas personas vieron la liberación de Ovidio Guzmán como una señal de debilidad, mientras que otras pensaron que era una medida astuta para evitar futuras víctimas. La catástrofe obligó a la nación a evaluar la estadística.La capacidad de e para hacer frente a la obstinación de los cárteles.

La Batalla de Culiacán marca un momento decisivo en la historia de los cárteles de la droga de México, provocando introspección y llamados a reformas. La aplicación de la ley, la imagen pública y la política gubernamental se vieron afectadas, lo que muestra las complejas relaciones de poder entre los cárteles y el Estado.

CAPÍTULO 6

Rivalidad entre el Cártel Jalisco Nueva Generación y el Cártel de Sinaloa

La rivalidad entre el Cártel Jalisco Nueva Generación (CJNG) y el Cártel de Sinaloa ha llegado a caracterizar una nueva era de conflicto en el siempre cambiante tablero de ajedrez que es el panorama de los cárteles de la droga en México. Este capítulo examina las maniobras estratégicas, los conflictos geográficos y las ramificaciones para el hampa criminal de México en la creciente rivalidad entre los dos principales cárteles.

Surgimiento del conflicto

Era inevitable que el CJNG entrara en contacto con el Cartel de Sinaloa a medida que ganaba fuerza a medida que ascendía a prominencia. Ambos cárteles compitieron ferozmente por el control de lucrativas rutas de tráfico de drogas, lo que allanó el camino para un conflicto marcado por disputas territoriales. El entorno criminal en México cambiaría para siempre como resultado de esta lucha titánica.

Juegos de poder y estrategias

El conflicto entre el CJNG y el Cartel de Sinaloa se intensificó como resultado de sus continuas luchas por el poder. Cada cartel compitió para burlar al otro, compitiendo por el control de importantes rutas utilizadas para el tráfico de drogas y haciendo crecer sus respectivas zonas de influencia. Estas estrategias frecuentemente resultaron en enfrentamientos sangrientos y un aumento de la crueldad mientras luchaban por el dominio.

El conflicto por Jalisco

Jalisco, el estado natal del CJNG, se convirtió en el centro de la discordia mientras ambos carteles luchaban por el control de esta región vital. Durante los combates que siguieron se desató una violencia sin precedentes, que causó estragos en las comunidades cercanas y puso a prueba la capacidad del gobierno para mantener la paz. Se buscó incansablemente el poder y los resultados fueron desastrosos para la zona.

Efecto en el entorno criminal de México

Más allá de su conflicto directo, la competencia entre el CJNG y el Cartel de Sinaloa tiene efectos de largo alcance. Otros cárteles se vieron obligados a adaptarse a la dinámica cambiante mientras luchaban por el poder, lo que provocó cambios en las alianzas, las tácticas y el territorio. Este efecto en cascada alteró la distribución del poder entre numerosas organizaciones criminales.

Acción gubernamental y represión

El gobierno mexicano tomó medidas más decisivas contra ambos cárteles como resultado de la creciente competencia. Las iniciativas de aplicación de la ley se concentraron en destruir sus estructuras organizativas, alterar su flujo de trabajo y centrarse en sus redes monetarias. Sin embargo, estos esfuerzos se vieron obstaculizados por la elusividad y adaptabilidad de los cárteles.

Alianzas y estrategias cambiantes

A medida que el conflicto avanzaba, ambos cárteles cambiaron de táctica. El Cartel de Sinaloa, por otro lado, pretendía recuperar su antiguo dominio mientras el CJNG mantenía sus esfuerzos por crecer en el extranjero. En un esfuerzo por anticipar y frustrar los movimientos de los cárteles, las autoridades encargadas de hacer cumplir la ley se mantuvieron alerta por el terreno en constante cambio de alianzas y relaciones de poder.

El conflicto entre el CJNG y el Cartel de Sinaloa es evidencia de cuán dinámico e intrincado es el sistema de los carteles de la droga en México. Ilumina la perspicacia estratégica, la tenacidad y la resolución de varias organizaciones criminales mientras compiten por el dominio, cambiando permanentemente la dinámica de poder en el hampa criminal de México.

CAPÍTULO 7

Represión gubernamental y violencia creciente

La historia actual de los cárteles de la droga de México muestra que los intentos del gobierno de combatir el crimen organizado han sido exitosos y difíciles. Este capítulo explora las muchas tácticas que el gobierno mexicano ha utilizado para luchar contra los cárteles de la droga, así como el creciente derramamiento de sangre que ha caracterizado este prolongado conflicto.

Iniciativas de militarización y aplicación de la ley

El gobierno mexicano lanzó una serie de medidas militarizadas para debilitar la influencia hegemónica de los cárteles de la droga. Para decapitar a los líderes de los cárteles, confiscar activos y obstaculizar las operaciones, se iniciaron operaciones militares y policiales conjuntas en varios lugares. Estas medidas anunciaron un cambio en la lucha contra el crimen organizado hacia métodos más contundentes.

Éxitos y fracasos

Los esfuerzos del gobierno por combatir a los cárteles de la droga arrojaron resultados mixtos. Aunque algunos arrestos y condenas notables fueron aclamados como éxitos, la naturaleza arraigada del control de los cárteles con frecuencia resultó en fracasos. Los cárteles utilizaron sus abundantes recursos para mantener el control sobre el territorio y evitar la captura mientras se adaptaban a las tácticas policiales.

Violencia creciente

A medida que los cárteles de la droga respondieron contra la interferencia del gobierno y las facciones rivales, la violencia aumentó al mismo tiempo que se tomaron medidas enérgicas contra las organizaciones. Las comunidades quedaron atrapadas en el fuego cruzado como resultado de las batallas de ojo por ojo, que enfatizó las víctimas mortales. La violencia no sólo presentó un obstáculo importante para la aplicación de la ley, sino que también tuvo graves efectos sociales y económicos.

Preocupaciones por los derechos humanos

La preocupación por las violaciones de los derechos humanos y las muertes entre civiles aumentó a medida que el gobierno intensificó su campaña contra las bandas de narcotraficantes. Surgieron preocupaciones sobre las tácticas utilizadas por las fuerzas de seguridad a raíz de informes de asesinatos extrajudiciales, casos de personas desaparecidas y uso desproporcionado de la fuerza. El gobierno mexicano ahora enfrenta un problema difícil al tratar de lograr un equilibrio entre la necesidad de seguridad y la defensa de los derechos fundamentales.

Efectos en las comunidades

Las comunidades de todo México quedaron devastadas por la escalada de violencia y la represión gubernamental. Durante los conflictos entre cárteles y las operaciones gubernamentales de aplicación de la ley, los transeúntes inocentes con frecuencia se encontraban en el punto de mira. En muchas de las zonas afectadas por el conflicto, el desplazamiento, el miedo y el trauma se hicieron prevalentes.

Adaptación de estrategias

El gobierno mexicano cambió sus tácticas a lo largo del tiempo en respuesta a la complejidad del tema de los cárteles de la droga. El foco de los esfuerzos se centró en resolver problemas socioeconómicos subyacentes que ayudaban a la influencia y el reclutamiento de los cárteles. Esta estrategia más integral tiene como objetivo brindar a los grupos desfavorecidos alternativas

alternativas y disminuir el atractivo del comportamiento criminal.

La complejidad de este conflicto multifacético queda demostrada por la actual lucha del gobierno contra los cárteles de la droga. Aunque la trayectoria del conflicto ha estado determinada por victorias y reveses, los efectos en las comunidades y el bienestar del país siguen ocupando un lugar central. Aprendemos más sobre la intrincada interacción del poder, la brutalidad y la búsqueda de justicia en la lucha de México contra el crimen organizado a medida que avanzamos en este período histórico.

CAPÍTULO 8

Vínculos internacionales y rutas del narcotráfico

El alcance global de las operaciones de los cárteles de la droga y las complicadas rutas comerciales que construyen son factores cruciales en el universo interconectado de estas organizaciones. Este capítulo explora la extensa red de canales de narcotráfico que atraviesa continentes y los vínculos globales que mantienen los cárteles de la droga mexicanos.

Alcance global de los cárteles mexicanos

Los cárteles de la droga mexicanos tienen vínculos que se extienden mucho más allá de las fronteras de México, trascendiendo las fronteras nacionales. Estas organizaciones han forjado alianzas con organizaciones criminales que operan en varios países, dándoles acceso a nuevos mercados, la capacidad de obtener precursores químicos y la capacidad de construir sistemas de distribución.

Empresas conjuntas y alianzas

Grupos criminales en otras naciones, incluidos los de Estados Unidos, Colombia y países centroamericanos, han forjado asociaciones con cárteles como el CJNG y el Cartel de Sinaloa. A través de estas asociaciones, los cárteles pueden aprovechar el conocimiento y los activos de sus aliados, lo que facilita el tráfico de drogas y otros productos ilegales.

Rutas de transporte

México sirve como un centro de transbordo clave para el tráfico de drogas debido a su ventajosa posición geográfica. Esta ventaja ha sido aprovechada por los cárteles, que ahora transportan narcóticos ilegales utilizando una gran red de rutas terrestres, marítimas y aéreas. Las drogas provenientes de América del Sur frecuentemente pasan por Centroamérica en su camino hacia

México, desde donde luego son enviadas a Estados Unidos y otros países.

Infiltración y corrupción

La corrupción y la infiltración frecuentemente ayudan a los cárteles mexicanos a expandir su influencia mundial. Los cárteles han encontrado formas de ir más allá de los procedimientos de identificación y aplicación de la ley, incluida la compra de la lealtad de los empleados del gobierno y el pago a los agentes del orden. Su control sobre las rutas utilizadas para el tráfico de drogas se ve aún más consolidado por esta red sin escrúpulos.

Redes Financieras y Lavado de Dinero

Los ingresos del tráfico de drogas con frecuencia quedan ocultos a través de los intrincados sistemas financieros del mundo. Los cárteles invierten en empresas, propiedades y otros activos legítimos, lo que dificulta rastrear y recolectar su riqueza adquirida ilegalmente. La durabilidad y resiliencia de las operaciones de los cárteles se ven favorecidas por estas redes financieras.

Efecto global

Los efectos de los vínculos globales de los cárteles mexicanos de la droga son extensos. El abuso de drogas, la adicción y la violencia son consecuencias del flujo de narcóticos hacia los mercados internacionales. Además, los enormes ingresos obtenidos de estas operaciones se utilizan para financiar actividades criminales adicionales, lo que exacerba los problemas sociales y de seguridad en numerosos países.

Aprendemos más sobre la propensión de los cárteles a adaptarse, cooperar y encontrar debilidades a escala global a medida que profundizamos en la compleja red de relaciones internacionales y canales de transporte de drogas.

Para combatir eficazmente las múltiples amenazas que plantean los cárteles de la droga mexicanos, es necesaria la cooperación internacional, como se enfatiza en este capítulo.

CAPÍTULO 9

Socio Efectos económicos de la actividad de los carteles

Más allá de los titulares sobre el conflicto y el derramamiento de sangre, las acciones de las bandas narcotraficantes mexicanas han tenido importantes repercusiones macroeconómicas. Este capítulo explora los amplios efectos que la actividad de los cárteles tiene en los barrios, la economía y el tejido social de México.

Socavando las instituciones y la gobernanza

La influencia de los cárteles frecuentemente socava la base del orden público. Las autoridades corruptas que están bajo el dominio de los cárteles no respetan la ley, no brindan servicios básicos ni mantienen la seguridad. Las comunidades se vuelven más susceptibles al control de los cárteles como resultado de esta pérdida de confianza institucional, lo que también conduce a una sensación de anarquía.

Dependencia económica y perturbación

Las economías locales se ven perjudicadas por la actividad de los cárteles de muchas maneras diferentes. Las empresas se ven ahuyentadas por la extorsión y la violencia, que obstaculizan el progreso económico. Algunas comunidades se vuelven dependientes de la actividad de los cárteles y recurren al tráfico de drogas en busca de trabajo e ingresos cuando no hay muchas posibilidades legítimas.

Migración forzada y desplazada

A medida que la violencia de los cárteles empeora, un gran número de personas y familias se ven obligadas a abandonar sus hogares y convertirse en desplazados internos o buscar seguridad en el extranjero. Este desarraigo alimenta un ciclo inestable y exacerba los problemas que enfrentan las comunidades atrapadas en el fuego cruzado de las guerras de cárteles.

La cohesión comunitaria y el tejido social

El tejido social de las comunidades puede deteriorarse cuando los cárteles están presentes. Los lazos sociales pueden verse dañados y las normas establecidas pueden verse alteradas por el miedo, la desconfianza y la normalización de la violencia. Esto tiene un efecto duradero en la salud mental, las estructuras familiares y la dinámica social.

Efectos sobre el reclutamiento y la juventud

Los cárteles frecuentemente se aprovechan de los jóvenes débiles, quienes les brindan una sensación de dirección, comunidad y estabilidad. Los jóvenes pueden verse peligrosamente atraídos por la promesa de dinero y estatus rápidos, lo que alimenta el ciclo de violencia y reclutamiento de los cárteles.

Estrategias de mitigación

Los efectos socioeconómicos de la actividad de los cárteles deben abordarse mediante una estrategia multifacética. Para restablecer la confianza y la resiliencia, esto implica abordar la pobreza y la falta de oportunidades, invertir en educación y formación profesional y fomentar la participación comunitaria.

Preocupaciones por los derechos humanos

Las dificultades socioeconómicas que experimentan las comunidades afectadas se ven agravadas por los abusos contra los derechos humanos que con frecuencia van de la mano de las actividades de los cárteles, como el reclutamiento forzado, los secuestros y la extorsión. En una respuesta completa se debe dar máxima prioridad a la protección de los derechos humanos, junto con la consideración de sus implicaciones más amplias.

Nuestro examen de los complejos efectos de la actividad de los cárteles en la sociedad y la economía de México hace evidente que se necesita algo más que aplicación de la ley para combatir el problema. Construir un futuro más seguro y próspero para México requiere una estrategia integral que aborde las causas subyacentes del dominio de los cárteles y ayude a las comunidades afectadas.

CAPÍTULO 10

Esfuerzos y planes para detener la invasión de los carteles de la droga

Los organismos encargados de hacer cumplir la ley, las entidades gubernamentales y la sociedad civil han intentado continuamente frustrar las incursiones y la influencia de estas organizaciones criminales. Este capítulo explora las diferentes iniciativas y planes implementados para luchar contra los cárteles y salvaguardar a las comunidades de México.

Consolidación de la aplicación de la ley

Para combatir mejor a los cárteles, las organizaciones encargadas de hacer cumplir la ley han sufrido modificaciones sustanciales. El objetivo de las unidades especializadas, los métodos de intercambio de inteligencia y los programas de capacitación es proporcionar a los policías el conocimiento y las herramientas necesarios para combatir eficazmente el crimen organizado.

Derribos de operaciones y liderazgo específicos

Una táctica importante han sido las operaciones dirigidas a arrestar o destituir a los líderes de los cárteles. Los arrestos y condenas de alto perfil desestabilizan el liderazgo y las estructuras operativas de los cárteles. Sin embargo, debido a la adaptabilidad de estas organizaciones, con frecuencia lleva tiempo y esfuerzo reducir su influencia.

Compromiso y empoderamiento de la comunidad

Es esencial empoderar a las comunidades locales para que puedan defenderse del control de los cárteles. Los programas que fomentan la cohesión social, las patrullas ciudadanas y las iniciativas de vigilancia comunitaria contribuyen a prevenir la infiltración de los cárteles en los barrios. Las comunidades con más poder están en mejores condiciones de denunciar actividades sospechosas y rechazar actividades ilegales.

Iniciativas anticorrupción

Es crucial abordar la corrupción en el gobierno y en las organizaciones encargadas de hacer cumplir la ley. La reconstrucción de la confianza entre las comunidades y aquellos a cargo de mantener la ley y el orden es posible gracias a grupos de trabajo anticorrupción, campañas de transparencia y sistemas para responsabilizar a las autoridades.

Alternativas para poblaciones vulnerables

Un método proactivo para prevenir el reclutamiento de los cárteles es ofrecer a las poblaciones vulnerables, especialmente a los jóvenes, posibilidades alternativas Los programas de educación, desarrollo profesional y creación de empleo desvían a las personas de la actividad delictiva y proporcionan una ruta hacia un empleo exitoso.

Cooperación entre naciones

La cooperación internacional es crucial ya que los cárteles son de naturaleza transnacional. La respuesta coordinada al crimen organizado se fortalece mediante el intercambio de inteligencia, operaciones cooperativas y extradiciones. Las acciones cooperativas destruyen las redes financieras y socavan las rutas del tráfico de drogas.

La seguridad y los derechos humanos deben estar equilibrados.

Es crucial lograr un cuidadoso equilibrio entre proteger la seguridad y defender los derechos humanos. La protección de los ciudadanos y la obediencia a la ley deben ser lo primero en los esfuerzos por luchar contra los cárteles. Encontrar este equilibrio garantiza que la guerra contra los cárteles sea justa y exitosa.

Aprendemos sobre la complejidad de este conflicto en curso mientras examinamos las diversas tácticas utilizadas para frustrar las incursiones de los cárteles de la droga. Los esfuerzos combinados de numerosas partes interesadas son cruciales para alterar la trayectoria de México y construir un país más seguro y resiliente, desde actividades de aplicación de la ley hasta el empoderamiento de la comunidad.

CONCLUSIÓN

Las conclusiones y las direcciones futuras

Un tapiz de narrativas intrincadas se desarrolla a medida que llegamos a un final de nuestro examen de las mayores incursiones de las bandas de narcotraficantes de México. Las historias de disputas políticas, derramamiento de sangre y efectos sociales han creado un tapiz que muestra tanto la tenacidad del pueblo mexicano como las dificultades que plantea el crimen organizado.

Hemos visto los audaces movimientos de poder de cárteles como los Zetas, la supremacía estratégica del Cártel de Sinaloa, la ideología perversa de los Caballeros Templarios y el rápido ascenso del CJNG a lo largo de estas páginas. Estos cárteles, cada uno con sus propios rasgos únicos, han influido en la historia de México al dejar sus huellas en sus sociedades, economías y sistemas de gobierno.

El frágil equilibrio entre la autoridad gubernamental y la oposición a los cárteles quedó demostrado en la Batalla de Culiacán. Mientras las autoridades luchan con la compleja dinámica de la influencia de los cárteles, hemos sido testigos de la evolución de las medidas gubernamentales, desde la participación militar hasta la participación comunitaria. La necesidad de cooperación internacional ha sido destacada por los esfuerzos para enfrentar el alcance global de los cárteles y los efectos que tienen en las comunidades.

Hemos visto destellos de la fortaleza de los pueblos de México, la resiliencia de la gente y la determinación de quienes luchan contra el poder de los cárteles en medio de historias de violencia y destrucción. Las comunidades se han unido y los programas que promueven el empoderamiento, la educación y otras opciones de empleo se han mostrado prometedores para poner fin al ciclo de reclutamiento de los cárteles.

Al llegar a una conclusión, se nos recuerda el carácter continuo de la guerra contra los cárteles de la droga. Las lecciones históricas resaltan el valor de una estrategia integral que abarque no sólo la aplicación de la ley sino también los elementos socioeconómicos que impactan la influencia de los cárteles. Todavía es difícil lograr un equilibrio entre seguridad y derechos humanos, pero hacerlo es esencial para crear un México justo y estable.

Para el futuro es necesaria una colaboración continua entre las fuerzas del orden, las entidades gubernamentales, la sociedad civil y los socios internacionales. Un futuro mejor es posible si todos trabajamos juntos para destruir las redes financieras, obstruir las rutas del narcotráfico y brindar a las comunidades vulnerables alternativas sostenibles.

Al final, la historia de los cárteles de la droga de México es un monumento a la fortaleza de una nación y su gente, más que un simple relato de invasión y derramamiento de sangre. México puede crear las condiciones para un futuro más seguro y exitoso reconociendo el pasado, aprendiendo de él y resolviendo vivir el presente sin la influencia del crimen organizado.

Nota del autor

Me siento honrado de tener la oportunidad de compartir estas historias con ustedes mientras llego a la conclusión de este viaje a través de la historia de los cárteles de la droga de México. Mi intención al escribir este libro fue arrojar luz sobre la intrincada y variada naturaleza de los problemas que traen los cárteles de la droga mexicanos.

Me ha impresionado la tenacidad y la persistente determinación del pueblo mexicano de vencer la sombra del crimen organizado durante todo el proceso. La resiliencia y la fuerza del espíritu humano quedan demostradas por las historias de ciudades que se unen, departamentos de policía que cambian sus tácticas y personas que trabajan por un futuro mejor.

Espero que también hayas notado el rayo de optimismo y la posibilidad de cambio a pesar de lo deprimentes que son las historias de derramamiento de sangre y conflictos de poder. Realmente creo que al comprender las complejidades del pasado, podemos allanar el camino hacia un futuro más seguro para México.

Quiero transmitir mi agradecimiento a quienes contribuyeron con sus ideas, a los historiadores que registraron meticulosamente estos incidentes y a las numerosas personas que lucharon contra las garras de los cárteles de la droga. La base de este libro fue la de sus experiencias e iniciativas.

Te complazco en que consigas Aprovechar las lecciones extraídas del pasado de México a medida que pasamos la página final y nos imaginamos un mundo sin cárteles que determinen el futuro del país. Que esta investigación estimule el debate, el movimiento y una dedicación compartida para crear un futuro mejor para México y su gente.

Aprecio que hayas venido en el viaje.

Nota

Nota

www.ingramcontent.com/pod-product-compliance
Lightning Source LLC
Chambersburg PA
CBHW060844260726
48661CB00002B/596